全国中等职业技术学校饭店服务专业

客房服务习题册

——与《客房服务（第四版）》配套

中国劳动社会保障出版社

简介

本习题册与全国中等职业技术学校饭店服务专业教材《客房服务（第四版）》配套使用。习题册按教材章节的顺序编写，包括填空题、选择题、简答题、实习操作题、情景实训题等，题型丰富，难易适中，供学生课后练习使用。

本习题册由姜倩主编。

图书在版编目(CIP)数据

客房服务习题册/姜倩主编. —北京：中国劳动社会保障出版社，2016
全国中等职业技术学校饭店服务专业
ISBN 978-7-5167-2692-1

Ⅰ.①客… Ⅱ.①姜… Ⅲ.①客房-商业服务-中等专业学校-习题集 Ⅳ.①F719.2-44

中国版本图书馆 CIP 数据核字(2016)第 178193 号

中国劳动社会保障出版社出版发行
（北京市惠新东街 1 号　邮政编码：100029）

*

河北宝昌佳彩印刷有限公司印刷装订　新华书店经销
787 毫米×1092 毫米　16 开本　3.25 印张　74 千字
2016 年 7 月第 1 版　　2024 年 12 月第 11 次印刷
定价：6.00 元

营销中心电话：400-606-6496
出版社网址：http://www.class.com.cn
http://jg.class.com.cn

目　录

第一章　客房部概述

一、填空题

1. 客房部的业务特点表现为____________、__________和______________。

2. 饭店应根据________、________、__________、管理系统、饭店文化来设计客房部的组织机构。

3. 当客人换房或离店时，前厅部应将__________________通知客房部，而客房服务员应将__________________立即通知总服务台或客房服务中心。

4. 为了防止客人逃账或发生意外，客房服务员在查房时发现外宿房、轻便行李房、__________、__________、________应及时通知总台。

5. 衡量客房服务质量的标准是__________、________、________和吸引力。

6. 真诚的服务要求客房服务员在为客人提供服务时，应发自内心地为客人提供______、热情、________、________、礼貌的服务。

7. 客房楼面的热情服务要做到“四到”，即__________、__________、__________和________。

8. 进入 21 世纪后，客房服务在________、________、________、设施设备、客房种类、客房设计等方面都体现出新的发展趋势。

9. 进入 21 世纪后，设立客房服务项目时要考虑__________和______________两项因素。

二、选择题

1. (　　) 是饭店最基本最重要的设施。

A. 餐厅　　B. 前厅　　C. 客房　　D. 康乐场所

2. (　　) 是饭店经济收入的主要来源。

A. 餐厅收入　　B. 客房收入　　C. 康乐收入　　D. 其他收入

3. 下列各项中不属于客房服务中心职能范畴的是 (　　)。

A. 统一调度客户服务工作　　B. 负责控制客房状态

C. 负责客房的清洁　　D. 负责管理楼层钥匙

4. 下列各项中不属于客房楼面职能范畴的是 (　　)。

A. 负责客房设备的简易维修和保养　　B. 负责客房内用品的替换

C. 负责客房及楼层的清洁卫生　　D. 负责控制客房的状态

5. 下列各项中不属于公共区域职能范畴的是 (　　)。

A. 负责厨房的清洁卫生　　B. 负责公共洗手间的清洁卫生

C. 负责各通道的绿化工作　　　　　　　　D. 负责楼梯的清洁卫生

6. 下列各项中不属于制服与布草房职能范畴的是（　　）。

A. 负责客衣的分类与保管

B. 负责饭店所有工作人员制服的收发、分类与保管

C. 负责饭店所有布草的收发、分类与保管

D. 负责对损坏的制服和布草进行修补

7. 下列各项中不属于客房部与前厅部的沟通及协调内容的是（　　）。

A. 楼层每日的房态信息　　　　　　　　B. 客人的换房信息

C. 客人的离店信息　　　　　　　　　　D. 客人的日程安排

8. 下列各项中不属于客房服务中心服务员工作内容的是（　　）。

A. 负责客房的开夜床服务

B. 负责客人遗留物品的登记、保管

C. 负责与前厅总台核对房态

D. 负责接听电话，答复客人的咨询和服务要求

9. 下列各项中不属于客房楼面服务员工作内容的是（　　）。

A. 负责所分配房间的清洁布置与物品补充工作

B. 负责提醒客人寄存贵重物品

C. 负责大堂的清洁卫生

D. 负责客房家具上蜡

10. 下列各项中不属于客房秘书工作内容的是（　　）。

A. 负责保管、更新客房部所有文件和记录

B. 保管招领的贵重物品

C. 负责核对客房部考勤统计记录

D. 负责转接客房电话

11. 下列各项中不属于三星级饭店客房服务要求的是（　　）。

A. 客房内提供互联网接入服务以及使用说明

B. 提供留言服务

C. 提供开夜床服务

D. 提供叫醒服务

三、简答题

1. 简述客房部在饭店中的地位和作用。

2. 简述客房部与前厅部沟通及协调的内容。

3. 简述客房部与餐饮部沟通及协调的内容。

4. 简述客房部员工的职业生涯，试谈谈你的职业生涯计划。

5. 客房服务质量的要求是什么？

6. 客房部的主要任务是什么？

四、实习操作题

参观本地区三星级和五星级酒店的客房部，比较它们的组织结构，并写出分析报告。

第二章 客 房

一、填空题

1. 客房是饭店的主体，是饭店向客人提供________、________、________和进行社交活动的基本设施，是以出租和提供劳务获得经济收入的特殊产品。

2. 客房作为一个完整的产品，必须同时具备客房空间、____________、________________、____________和客房安全五个方面的要求。

3. 为了满足客人生活的各种需求，饭店的标准间应设置________空间、________空间、________空间、书写空间、储存空间和健身空间六个功能区。

4. 根据构成单位客房的房间数量，客房可分为____________和____________两大类。

5. 根据单间客房的床位数、允许客人居住的人数划分，单间客房可分为________、________、________和三人间等。

6. 根据构成套间的房间数量及内部装潢布置的档次，套房可分为普通套间、复式套间、________套间、________套间和________套间。

7. 根据客房的位置，客房可分为________、________、连通房和角房。

8. 饭店中常见的特色楼层有_______________、_______________、_______________和____________。

9. 标准间的家具主要包括床、________、衣橱、________、________、写字椅、电视柜、沙发和茶几等。

10. 饭店中配置的床，常见的有单人床、________、____________、特大号双人床、________、婴儿床。

11. 标准间一般配备的电器设备有照明设备、电视机、空调、电话、电热水壶等。较高级的客房还配备________、________和________等。

12. 常见的客房自动化设施及设备有________、____________、________________、____________________、IP 电视、IP 电视机顶盒、客房可视电话、多功能电子红外线遥控器。

13. 标准间的卫生设备一般包括浴缸、淋浴房、云台、洗脸盆和便器等。豪华客房和套间还配有________，一般设在便器的旁边。

14. 客房中的安全设备分为防火设备和防盗设备，其中防火设备主要有____________、____________和安全指示图等，防盗设备主要有门锁、窥视镜、________和________等。

15. 科学技术的发展及宾客要求的日益提高促使客房设备配置出现了一些新的变化趋势，这些趋势主要体现在________、________、________和________等方面。

16. 按消耗形式分类，客房用品可分为________________和________________两大类。

17. 按供应形式分类，客房用品可分为________________、________________和______

________三大类。

18. 配置客房用品的基本要求是________________________、____________、________________等。

19. 客房的纺织品及装饰品的色彩、图案、式样、质地应与______家具的色彩、款式相和谐，以烘托室内艺术氛围，提高室内构图的美感。

20. 客房绿化一般以______、______和______为表现形式。

21. 盆景是用植物、石头等材料在盆中再现自然景观的一种艺术，可分为__________和__________两大类。

22. 客房内的观赏品主要有________和________两大类。

23. 客房内的观赏品在布局上要做到________、________、________、________。

二、选择题

1. 客房产品的基础是（　　）。

A. 客房空间　　B. 客房设备　　C. 客房卫生　　D. 客房安全

2. 客人选择饭店住宿的首要条件是（　　）。

A. 客房供应物品　　B. 客房设备

C. 客房卫生　　D. 客房安全

3. 下列有关客房设备配备要求的描述，不正确的是（　　）。

A. 所有的客房设备必须能正常运转

B. 所有的客房设备必须方便客人使用

C. 所有的客房设备应方便服务及操作

D. 所有的客房设备应美观、豪华

4. 由一个面积不少于16平方米、带有独立卫生间的房间构成的单位客房称为（　　）。

A. 单人间　　B. 单间客房　　C. 大床房　　D. 双人间

5. 下列关于单人间特点的描述，不正确的是（　　）。

A. 房内配置一张床　　B. 深受团队旅游者的喜爱

C. 隐私性强　　D. 供一人居住

6. 在房内放了两张单人床的双床间称为（　　）。

A. Twin Room　　B. Hollywood Twin Room

C. Double-Double Room　　D. Double-Single Room

7. 在饭店中数量最多的客房类型是（　　）。

A. Single Room　　B. Double Room　　C. Twin Room　　D. Triple Room

8. 在高档饭店中很少见到的客房类型是（　　）。

A. Single Room　　B. Double Room　　C. Twin Room　　D. Triple Room

9. 饭店中档次最高的客房类型是（　　）。

A. 普通套房　　B. 立体套间　　C. 豪华套房　　D. 总统套房

10. 通常（　　）星级以上的饭店才设置总统套房。

A. 二　　B. 三　　C. 四　　D. 五

11.（　　）的窗户朝向街道、公园、大海、湖泊等，客人在房内可观赏饭店外的景色。

A. 内景房　　B. 外景房　　C. 相连房　　D. 角房

12. Connecting Room 是指（　　）。

A. 大床房　　B. 立体套间　　C. 相连房　　D. 盲人套房

13. Business Suite 是指（　　）。

A. 双床间　　B. 立体套间　　C. 商务套间　　D. 豪华套房

14. （　　）是客房中最主要也是最基本的家具。

A. 沙发和茶几　　B. 衣柜　　C. 床　　D. 写字台

15. 大号双人床的宽度为（　　）厘米左右。

A. 140　　B. 160　　C. 180　　D. 200

16. （　　）贴在每间客房的门后，注明客房所在的位置及安全通道的方向。

A. 烟感报警器　　B. 温感喷淋头　　C. 安全指示图　　D. 防盗链

17. 门锁、（　　）等是客房内常用的防盗设施。

A. 烟感报警器和安全指示图　　B. 保险柜和防盗链

C. 温感喷淋头和安全指示图　　D. 窥视镜和温感喷淋头

18. 在豪华客房或套间才配有的卫生设备是（　　）。

A. 淋浴房　　B. 浴缸　　C. 云台　　D. 净身器

19. （　　）是客房最基本的功能空间。

A. 起居空间　　B. 盥洗空间　　C. 睡眠空间　　D. 书写和梳妆空间

20. 标准间的起居空间设在（　　）。

A. 窗前区　　B. 房间过道　　C. 写字台前　　D. 卫生间

21. 标准间的书写和梳妆空间与（　　）相对。

A. 睡眠空间　　B. 起居空间　　C. 储存空间　　D. 盥洗空间

22. 标准间的储存空间与（　　）相对。

A. 睡眠空间　　B. 起居空间

C. 书写和梳妆空间　　D. 盥洗空间

23. （　　）属于一次性消耗品。

A. 卫生纸、信封、文件夹　　B. 茶叶、火柴、烟缸

C. 信纸、牙刷、小香皂　　D. 茶叶、火柴、水杯

24. （　　）属于多次性消耗品。

A. 床单、面巾、烟灰缸　　B. 地巾、浴巾、纸巾

C. 文件夹、烟灰缸、剃须刀　　D. 水杯、茶杯、茶叶

25. （　　）属于客房免费赠品。

A. 圆珠笔　　B. 烟灰缸　　C. 电插座　　D. 浴巾

26. （　　）属于客房固定用品。

A. 火柴　　B. 梳子　　C. 圆珠笔　　D. 文件夹

27. “请勿打扰”和“请即打扫”牌通常应（　　）。

A. 挂在卫生间门后的锁柄上　　B. 挂在卫生间门前的锁柄上

C. 挂在客房门前的锁柄上　　D. 挂在客房门后的锁柄上

28. 备用被子或毛毯应放在（　　）。

A. 衣橱的格架上　　B. 衣橱的底部
C. 行李柜里　　D. 电视机柜里

29. 下列关于衣架摆放位置的描述，正确的是（　）。
A. 各类衣架、裤架和裙架应分类集中于挂衣横杆的左侧，衣架钩一律朝里
B. 各类衣架、裤架和裙架应分类集中于挂衣横杆的右侧，衣架钩一律朝里
C. 各类衣架、裤架和裙架应分类平均分布在挂衣横杆上，衣架钩一律朝里
D. 各类衣架、裤架和裙架应平均分摊，集中放置在挂衣横杆的两侧，衣架钩一律朝里

30. 客房小酒吧的酒水、饮料、小食品的摆放原则是（　）。
A. 矮的放在前面，高的放在后面，商标朝外
B. 矮的放在前面，高的放在后面，商标朝内
C. 高的放在前面，矮的放在后面，商标朝外
D. 高的放在前面，矮的放在后面，商标朝内

31. 下列关于写字台上物品摆放规格的描述，不正确的是（　）。
A. 文件夹整齐地摆放在写字台桌面正中偏下处
B. 烟灰缸摆放在文件夹的左上方
C. 火柴整齐地摆放在烟灰缸的右上角，店徽正面朝上
D. 购物袋、洗衣袋、洗衣单等放在写字台的抽屉里

32. （　）通常不放在文件夹内。
A. 服务指南　B. 防火指南　C. 安全指示图　D. 客房价目表

33. （　）通常摆放在床头柜上。
A. 电话使用说明书、晚安卡、信纸
B. “请勿在床上吸烟”标识卡、电话卡使用说明书、烟灰缸
C. 便笺、便笺架、晚安卡
D. 晚安卡、电话使用说明书、文件夹

34. （　）不应摆放在消耗品托盘内。
A. 浴帽　B. 梳子　C. 洗发液　D. 女宾卫生袋

35. 清洁后的卫生间，（　）应置于浴缸的底部。
A. 浴缸防滑垫　B. 地巾　C. 浴巾　D. 小方巾

36. 清洁后的卫生间，（　）应置于浴缸前沿正中位置上。
A. 浴缸防滑垫　B. 地巾　C. 浴巾　D. 小方巾

37. 清洁后的卫生间，（　）应置于云台面上。
A. 面巾　B. 地巾　C. 浴巾　D. 小方巾

38. 下列关于标准间浴巾摆放规格的描述，正确的是（　）。
A. 浴巾 1 条，折叠整齐，平放在浴巾架上
B. 浴巾 1 条，折叠成长条形，挂在浴巾架上
C. 浴巾 2 条，折叠整齐，平放在浴巾架上
D. 浴巾 2 条，折叠成长条形，挂在浴巾架上

39. 下列关于清洁后的卫生间浴帘摆放规格的描述，正确的是（　）。

A. 挂在浴帘杆上，推向卫生间的门后，底端放在浴缸外

B. 挂在浴帘杆上，推向卫生间的门后，底端放在浴缸内

C. 挂在浴帘杆上，向浴缸水龙头方向拉 2/3，底端放在浴缸外

D. 挂在浴帘杆上，向浴缸水龙头方向拉 2/3，底端放在浴缸内

40. 下面选项中属于平面摆设内观赏品的是（　　）。

A. 绘画　　B. 挂屏　　C. 玉石雕刻　　D. 壁饰

三、简答题

1. 与普通客房相比，女性客房、无烟楼层客房的设置各有何特点？

2. 标准间可分为哪六大功能区？每个功能区各配有哪些相应的家具设备？

3. 请写出客房衣柜、写字台、床头柜及卫生间云台上的物品配置规格。

4. 客房家具陈设与布置的形式有哪几种？

5. 简述客房绿化的原则。

四、实习操作题

1. 在教师的组织下，参观本地区四星级或五星级饭店的各类客房，分析各类客房在位置、数量、装潢、设备用品配置等方面的特点，并形成实习报告。

2. 参观三星级饭店的客房，画出三星级饭店标准间平面图，标出标准间六大功能区的位置，并写出每个空间家具设备和电器设备的名称。

3. 提供位置的客房用品至少一套，标准间或模拟的标准间至少一间，根据标准间物品的配置规格进行客房物品的配置练习，每个学生根据家具和卫生设备上的物品摆放规格，拍一套照片作为作业上交。

五、情景实训题

客房部要接待一位女性 VIP 客人。以此为情景，准备若干床上用品、鲜花、盆栽、盆景和观赏品。要求：运用客房陈设与装饰的常识，演示对女性 VIP 房布置的全过程。

第三章　清洁设备与清洁剂

一、填空题

1. 客房服务中所使用的清洁设备可分为________和机器设备。其中常用的机器设备主要包括________、________、洗地机、打蜡机等。

2. 根据地面材料的不同，拖把也相应分为干拖把、油拖把、湿拖把，其中________适用于怕水的地面，________适用于忌油的地面，________适用于普通地面。

3. 根据吸尘器的构造和操作原理，吸尘器可分为________、________、干湿两用吸尘器和肩背式吸尘器。

4. 饭店常用的清洁剂有酸性清洁剂、中性清洁剂、碱性清洁剂、________和________。

5. 酸性清洁剂具有________、________、________和中和尿碱、水泥等顽固斑垢的功能。

6. 洗地毯剂属于________性的清洁剂，可分为高泡和低泡两种，其中________适用于干洗地毯，而________适用于水洗地毯。

7. 碱性清洁剂对________和________有很强的清洁效果。

8. 饭店中常用的上光剂有________、金属上光剂、________和地面蜡。

二、选择题

1. （　　）属于一般器具。

A. 工作车　　B. 吸尘器　　C. 洗地毯机　　D. 打蜡机

2. （　　）适用于大面积地面或高处的清洁。

A. 小扫帚　　B. 单手扫帚　　C. 长扫帚　　D. 以上答案均不正确

3. 下列表述，不正确的是（　　）。

A. 小扫帚可用于清除席梦思床边沿和地毯边角的灰尘

B. 使用扫帚时，为提高清扫的速度，清扫的幅度宜大

C. 扫帚在使用后，要对其加以清洗

D. 清洗后的扫帚必须晾干后才可使用

4. 使用拖把时，下列操作错误的是（　　）。

A. 采用直线或“∞”字形移动拖把　　B. 在移动中不能将拖把离开地面

C. 拖把应保持一定的湿度　　D. 拖把使用后应洗净晾干

5. （　　）吸尘器适用于楼梯吸尘和登高吸尘。

A. 筒式　　B. 立式　　C. 干湿式　　D. 肩背式

6. （　　）吸尘器适用于长绒地毯的清洁。

A. 筒式　　B. 立式　　C. 干湿式　　D. 肩背式

7. 吸尘器不可长时间连续使用，一次连续使用的最长时间不可超过（　　）小时。

A. 1　　B. 2　　C. 3　　D. 4

8. 下列对于干泡洗地毯机的功能描述，错误的是（　　）。

A. 对地毯的损伤较小　　B. 地毯洗后不变形

C. 适用于较脏的地毯　　D. 洗后不影响地毯的使用

9. 下列对于喷吸式洗地毯机的功能描述，错误的是（　　）。

A. 对地毯的损伤较大　　B. 去污效果好

C. 地毯洗后不易变形　　D. 洗过的地毯不能马上使用

10. 打蜡机用于清洗地面时，应（　　）。

A. 调低转速，采用硬质底盘垫　　B. 调低转速，采用细软的底盘垫

C. 调高转速，采用硬质底盘垫　　D. 调高转速，采用细软的底盘垫

11. 清洗卫生间洁具时，应选用（　　）。

A. 酸性清洁剂　　B. 碱性清洁剂　　C. 中性清洁剂　　D. 抛光剂

12.（　　）能与尿碱起中和反应，可用于卫生间便器的清洁。

A. 柠檬酸　　B. 盐酸稀释液　　C. 硫酸钠　　D. 草酸

13.（　　）可用于金属除锈、中和碱性物质、清除物品上的轻度污迹和粘着物。

A. 柠檬酸　　B. 盐酸稀释液　　C. 硫酸钠　　D. 草酸

14. 下列对中性清洁剂的功能描述，错误的是（　　）。

A. 不腐蚀和损伤任何物品

B. 具有防霉功效

C. 对被清洗物品具有清洗与保护作用

D. 容易去除积聚严重的污垢

15. 下列对上光剂的功能描述，错误的是（　　）。

A. 能在物体表面形成硬质防护层　　B. 增强物体表面脏物的附着力

C. 具有防止物体擦伤的功效　　D. 具有美化物体的功效

三、简答题

1. 使用与保养吸尘器时应注意哪些事项？

2. 如何正确使用抹布？

3. 如何保养洗地毯机？

4. 使用酸性清洁剂时应注意哪些事项？

5. 使用溶剂时应注意哪些事项？

6. 使用清洁剂时应注意哪些事项？

四、实习操作题

学习吸尘器维护与保养知识，进行清空集尘袋的操作练习。

五、情景实训题

客人不小心将一杯水洒在脏的大理石地面上。以此为情景，请同学演示用尘拖清理地面的过程，并在清理之后对尘拖进行保养。

第四章　客房的清扫工作

一、填空题

1. 中午 12 点前不要敲挂有“DND”牌的客房门，但应记下________及________；如有事离开，须做好____________。

2. 在客房清扫时，客房服务员常用的清扫方法有从上到下、从里到外、____________、____________、先后有序、注意墙角等。

3. 服务员在擦拭不同的家具、物品时，抹布应干湿分开，分别使用，客房中的______、________、____________________、________应用干抹布擦拭。

4. 客房清扫的前期准备工作包括客房服务员____________________和____________________两大部分。

5. 客房服务员到岗前的准备工作主要包括整理仪容仪表、接受上级检查、打卡签到、____________、________________________进入楼层等。

6. 客房服务员确定客房清扫整理的顺序时，应重点考虑____________________；是否有利于客房的销售，提高客房的出租率；是否方便工作、提高效率；________________________________四个方面的因素。

7. 一般情况下，客房的清扫顺序可按 VIP 房→__________→__________→LSG 房→________→V 的顺序排列。

8. 若客房销售紧凑时，客房的清扫顺序可按 VIP 房→____________→____________→____________→LSG 房→V 的顺序排列。

9. 房务工作车的布置要求为清洁整齐、美观大方，____________________，____________________，____________________________，布件袋、垃圾袋悬挂牢固。

10. 清扫走房的工作流程分为________________、____________________、清扫卧室、清扫卫生间、________________五个环节。

11. 进房整理卫生之前，客房服务员应注意观察________________、______________、______________________________，以免因整理客房而影响客人的休息和活动。

12. 客房服务员必须养成按程序进房的原因是________________、________________、____________________。

13. 打扫卫生时，将工作车的开口一面朝向客房，堵在正在清扫的客房门口的优点是____________、________________________，同时也能避免让客人造成误解，还有利于工作车上的物品和客人房内财物的安全。

14. 客人用过的茶杯应集中在________进行清洗和消毒。

15. 铺床单的步骤包括________、________、________和________。

16. 抹尘时，服务员应手持________抹布，为了避免遗漏，应按照顺时针或逆时针方向，从上到下、由里到外依次对家具等各处进行除尘除迹。为了提高工作效率，抹布要________，为了保护房内的设施设备，抹尘时应________。

17. 为了保证客房的规格，保证满足客人的需要，客房服务员应根据饭店规定的________、________、________，补齐、补足、放好各种客用品。

18. 清扫后的卫生间应达到________、________、________、清洁光亮、物品摆放整齐的标准。

19. 客房日常的清扫工作主要由三部分组成，即________、________和________。

20. 晚间开夜床服务一般在晚上六点左右或客人外出晚餐时进行，其工作内容一般包括________、________和________三部分。

21. 对客房进行消毒可采用________、________、________、室内采光、通风、紫外线消毒、喷洒消毒等消毒方式。

22. 对客房卫生间进行消毒可采用浸泡消毒、________、________、________等消毒方式。

23. 对客房内餐、茶、酒具的消毒可采用________、________、________和浸泡消毒等消毒方式。

24. 客房工作人员应做好个人卫生，做到“五勤”，即________、________、________、勤换衣服和勤洗手。

25. 饭店的公共区域是指________。

26. 在对餐厅、酒吧、宴会厅进行清洁保养时，为了不影响客人的活动或不给客人留下不好印象，清洁保养工作应尽量安排在________或________进行，所使用的工具要清洁美观，化学清洁剂应________。

27. 为了防止或减少行人将尘土带入室内，饭店一般在大门口处铺________，放置________，配备________，防止客人将雨水带进室内，减轻室内清洁量。

28. 饭店做好病虫害的预防性措施主要有切实搞好日常清洁卫生工作和计划卫生工作，消灭害虫滋生的条件；________；请专业人员杀灭害虫和消除害虫滋生条件。

29. 客房的清洁质量标准包括________和________两个方面。

30. 客房卫生质量的视觉标准规定为________和________。

31. 服务员自查具有________、________、________的作用。

32. 领班的全面检查具有________、________、________和________的作用。

33. 管理人员的抽查包括________和________。

34. 在客房清洁质量的控制中，饭店常通过________、________、________等方法来发挥客人对客房卫生质量的控制作用。

35. 为保证客房清洁质量，客房部制定的操作标准包括________、________和________。

36. 制定客房部员工工作定额时，应考虑的因素包括卫生班服务员的工作性质、质量标准、________、________、服务员的素质、劳动工具的配备。

37. 在我国，客房的清扫整理次数一般以________为主，即________和

________。对 VIP 客人和住豪华房间的客人，可实行________。

二、选择题

1. 客房服务员清扫房间时，如遇门上挂有“DND”牌，应（　　）。

A. 请示领班　　B. 暂不打扫，等客人离开后再打扫

C. 征询客人意见　　D. 无须打扫此房

2. 服务员用中指关节有节奏地轻敲房门 3 下，如房内无人回答，约（　　）秒后，再第二次敲门。

A. 2　　B. 5　　C. 7　　D. 10

3. 实习生小王进入 1308 住客房时，下列操作程序中错误的是（　　）。

A. 敲门时用手的中指关节有节奏地轻敲房门 3 下，并报“Housekeeping”

B. 等候时按标准的站姿站在门的正中位置，眼望窥视镜

C. 等候的时间为 3～5 秒

D. 敲门 3 次后，房内仍无人应答，用钥匙直接将房门打开

4. 实习生小王打扫 1306 住客房时，若客人在房内，此时小王下列做法中错误的是（　　）。

A. 暂不打扫，等客人离开后再打扫　　B. 征询客人意见是否可以清扫

C. 若客人同意打扫，加快打扫的速度　　D. 打扫完毕，向客人表示谢意

5. 下列观点中错误的是（　　）。

A. 服务员进入客房必须敲 3 次门　　B. 服务员进入走房只需敲 2 次门

C. 服务员进入空房无须敲门　　D. 服务员进入维修房也必须敲门

6. 服务员按正常程序敲门入房服务，发现客人刚好从床上起来，此时下列做法中错误的是（　　）。

A. 向客人说对不起　　B. 向客人作解释，以免客人误会

C. 马上退出　　D. 迅速关上房门

7. “MUR”是指（　　）。

A. 请勿打扰房　　B. 长住房　　C. 请即打扫房　　D. 走房

8. “C/O”是指（　　）。

A. 无行李房　　B. 轻便行李房　　C. 外宿房　　D. 走房

9. 为了预防客人逃账和发生意外，客房服务员发现 S/O、L/B、N/B 和（　　）时，应及时向总台报告。

A. OOO　　B. LSG　　C. DND　　D. MUR

10. 在开房率高，即销售旺季时，服务员提前清扫走房是为了（　　）。

A. 延长房间使用时间　　B. 便于客房尽快出租

C. 延长客人逗留时间　　D. 减缓使用频率，保养客房

11. LSG 房的清扫要求是（　　）。

A. 优先安排清扫整理

B. 通常只需检查核实，必要时稍加整理即可

C. 按客人要求的时间和有关协议规定进行清扫整理

D. 由客人自己整理，服务员无须整理

12. VIP 房的清扫要求是（　　）。

A. 优先安排清扫整理，并按“VIP 接待通知单”的要求进行布置

B. 通常只需检查核实，必要时稍加整理即可

C. 按客人要求的时间和有关协议规定进行清扫整理

D. 由客人自己整理，服务员无须整理

13. S/O 房的清扫要求是（　　）。

A. 优先安排清扫整理

B. 通常只需检查核实，必要时稍加整理即可

C. 按客人要求的时间和有关协议规定进行清扫整理

D. 由客人自己整理，服务员无须整理

14. 客房服务员停放好工作车，开始整理、打扫客房卫生前，应填写工作表单，其中（　　）不属于此时填写的内容。

A. 房号　　B. 房态

C. 进房打扫的时间　　D. 住客的姓名

15. 若需要整理的客房内有客人用膳未撤走的餐具和餐车，服务员此时正确的做法是（　　）。

A. 通知客房送餐员到房间收取餐具、餐车

B. 将餐具、餐车撤出放在客房门口

C. 将餐具、餐车收拾好后放在房间的一角，等送餐员前来取回

D. 将餐具、餐车撤出放在员工电梯口，通知送餐员前来取回

16. 在撤床的过程中，下列操作不符合要求的是（　　）。

A. 撤床时，站在床头进行

B. 卸枕头套时，应将枕套口朝下，拎住枕套的两个角，轻轻抖动几下，检查枕套内有无客人遗留的物品

C. 撤床单时，将床单从床垫与床架的夹缝中逐一拉出，不可乱扯乱拉

D. 撤下的床单、枕套、被套应放在客房的门口，以便服务员集中收取

17. 铺床时，下列关于枕头放置要求的描述，错误的是（　　）。

A. 置于床头正中位置　　B. 单人床枕套口朝向床头柜

C. 双人床枕套口互对　　D. 枕头放好后应四角饱满挺实

18. 在客房抹尘时，下列操作不符合要求的是（　　）。

A. 从门开始，按顺时针方向依次进行

B. 用干抹布抹电视机

C. 用拧干的湿抹布抹地脚线

D. 用拧干的湿抹布抹桌面

19. 在补充客房物品时，下列操作不符合要求的是（　　）。

A. 按饭店规定的品种一样不少地进行物品补充

B. 将所有物品的店徽正面向上

C. 将不小心开过口但未使用过的一次性拖鞋整齐地放置在床头柜的下方

D. 按饭店规定的数量一件不少地进行物品补充

20.（　　）无须在工作表单上填写。

A. 客用品的补充和更换情况　　B. 房内的特殊情况

C. 完成打扫的时间　　D. 客人是否在房

21. 客房服务员在卫生清扫中，下列操作不符合要求的是（　　）。

A. 进房前应先观察门外的情况　　B. 先抹尘后撤床

C. 先铺床后抹尘　　D. 先补充客房物品再地毯吸尘

22. 清扫卫生间时应先（　　）。

A. 便器冲水　　B. 撤出客人用过的四巾

C. 撤出垃圾杂物　　D. 清洗洗脸盆及云台

23. 清洁卫生间的便器时，应先冲水，目的是（　　）。

A. 冲洗速度快　　B. 冲去脏物，为下一步清扫做准备

C. 节约清洁剂　　D. 使其畅通

24. 清洁后的卫生间房门应（　　）。

A. 虚掩 30°　　B. 全开　　C. 全关上　　D. 以上答案均正确

25.（　　）不属于贵宾房的清扫整理内容。

A. 每天更换床单、枕套、被套　　B. 家具上蜡

C. 铜器擦拭　　D. 清洗地毯

26. 晚间开夜床时，若客人有睡衣，应折叠好放在（　　）。

A. 衣橱里　　B. 床头柜上　　C. 枕头上　　D. 沙发上

27. 标准间若住一位女士，晚间开夜床时通常（　　）。

A. 临近卫生间的那张床，开口方向朝向床头柜

B. 临近卫生间的那张床，开口方向反向于床头柜

C. 靠近窗户的那张床，开口方向朝向床头柜

D. 靠近窗户的那张床，开口方向反向于床头柜

28. 标准间若住两位异性客人，晚间开夜床时通常（　　）。

A. 开一张床，开口的方向朝向床头柜

B. 同方向开两张床，开口的方向朝向窗户

C. 同方向开两张床，开口的方向朝向卫生间

D. 开两张床，两张床都从床头柜另一侧开

29. 大床房若只住一位客人，晚间开夜床时应（　　）。

A. 两边对开

B. 只开一边，开口方向朝向放有电话一侧的床头柜

C. 只开一边，开口方向朝向没放电话一侧的床头柜

D. 只开一边，开口方向随意

30. 晚间开夜床时，卫生间浴帘的正确操作要求是（　　）。

A. 将浴帘往浴缸的淋浴喷头处拉约 3/4，浴帘的底端放在浴缸外

B. 将浴帘往浴缸的淋浴喷头处拉约 3/4，浴帘的底端放在浴缸内

C. 将浴帘推向卫生间的门后，浴帘的底端放在浴缸外

D. 将浴帘推向卫生间的门后，浴帘的底端放在浴缸内

31. 晚间开夜床时，将地巾铺在浴缸前面的地面上，除了供客人洗浴后踩脚外，还具有（　　）的作用。

A. 防止客人洗浴时，将卫生间的地面弄湿

B. 防止弄脏卫生间地面

C. 用于擦拭卫生间地面

D. 雅观

32. 晚间开夜床时，应留下夜灯和（　　）。

A. 台灯　　B. 床头灯　　C. 镜前灯　　D. 廊灯

33. 每天将空房的脸盆、浴缸、便器的冷热水龙头分别放水 1～2 分钟，其作用是（　　）。

A. 检查房内有没有通水　　B. 保持水质的洁净

C. 清洗脸盆、浴缸、便器上的灰尘　　D. 清洗卫生间

34. 为保证空房始终处于良好的迎客状态，空房每天应（　　）。

A. 更换客用品　　B. 开窗通风换气　　C. 杀虫灭菌　　D. 开窗和消毒

35. 服务员在清扫走房时，新入住的客人王先生拎着行李进来了，此时，服务员错误的做法是（　　）。

A. 礼貌地向客人作解释

B. 向客人表示歉意

C. 向客人表示立即将房间整理好

D. 将客人请进房间，帮客人放好行李，请客人在沙发上就座

36. 客人中午回店后，发现他的房间卫生还未整理，向服务员小王提出了投诉，此时，小王错误的做法是（　　）。

A. 向客人表示歉意，并马上整理房间

B. 向客人表示歉意，并征求客人意见是否可以马上整理房间

C. 向客人解释未及时清扫的原因

D. 向客人表示第二天不会出现同样的问题

37. 当发现客人损坏了客房内的设备时，实习生小王错误的做法是（　　）。

A. 礼貌地了解客人损坏设备的原因，并帮助客人一起修理损坏的设备

B. 迅速向大堂副理汇报这一情况

C. 请大堂副理与客人协商索赔事宜

D. 对于客人的赔偿应表示谢意

38. 客人反映床单不干净，需要更换时，下列做法不正确的是（　　）。

A. 向客人道歉　　B. 入房查看

C. 如床单不脏，应向客人解释清楚　　D. 将此情况向领班报告

39. 卫生间的棉织品可采用（　　）进行浸泡消毒。

A. 3‰的漂白粉溶液　　B. 1%～5%的漂白粉溶液

C. 10%的石碳酸溶液　　D. 2%的来苏水溶液

40. 擦拭消毒法适用于（　　）的消毒。

A. 茶具　　　　B. 棉织品　　　　C. 空气　　　　D. 家具设备

41. 服务员打扫完卫生，用2%～3%的来苏水或84消毒剂对卫生间的设备进行消毒后，应紧闭门窗（　　）小时，然后进行通风。

A. 1　　　　B. 2　　　　C. 3　　　　D. 4

42. 将洗刷干净的茶具放入100 ℃的沸水中进行煮沸消毒，消毒时间为（　　）分钟。

A. 5～10　　　　B. 10～15　　　　C. 15～30　　　　D. 30～45

43. 将洗刷干净的茶具和酒具放入蒸汽箱中进行蒸汽消毒，消毒时间为（　　）分钟。

A. 5　　　　B. 10　　　　C. 15　　　　D. 20

44. 将洗刷干净的茶具放入消毒液中进行浸泡消毒，消毒时间为（　　）分钟。

A. 5　　　　B. 10　　　　C. 15　　　　D. 20

45. 玻璃器皿不可选用（　　）进行消毒。

A. 蒸汽消毒法　　B. 煮沸消毒法　　C. 浸泡消毒法　　D. 干烤

46. 金属器皿可采用（　　）消毒液进行消毒。

A. 氯亚明　　B. 漂白粉　　C. 高锰酸钾　　D. 84

47. 禁止将（　　）消毒液与酸性清洁剂同时使用，以免发生氯气中毒。

A. 氯亚明　　B. 漂白粉　　C. 高锰酸钾　　D. 84

48. 消毒时，当（　　）溶液由紫色变为黄褐色时，应更换新液。

A. 氯亚明　　B. 漂白粉　　C. 高锰酸钾　　D. 84 消毒液

49. 客房服务员应（　　）检查身体，防止疾病传染。

A. 一年两次　　B. 一年一次　　C. 两年一次　　D. 三年一次

50. 电话常用的消毒方法是（　　）。

A. 紫外线照射　　　　B. 用高温加热

C. 用酒精棉球擦拭　　　　D. 用药液浸泡

51. （　　）最直接反映出饭店清洁保养的状况。

A. 大堂的地面　　B. 大堂的洗手间　　C. 大堂的门庭　　D. 大堂休息区的家具

52. （　　）不属于客房部的公共区域，不属于清洁班组负责清洁保养范围。

A. 行政办公室　　B. 员工更衣室　　C. 厨房　　D. 停车场

53. 为了不影响公共区域的使用，公共区域工作人员所使用的清洁剂必须是（　　）的。

A. 名牌的　　B. 有香味的　　C. 快干的　　D. 粉状的

54. 办公室的清洁保养工作一般安排在（　　）进行。

A. 上午10：00左右　　　　B. 下午3：00左右

C. 上班前或下班后　　　　D. 深夜

55. 大堂客用电梯内的地毯（　　）。

A. 早晚各换一次　　　　B. 每天早晨换一次

C. 一星期换一次　　　　D. 没有固定的更换周期

56. 夜班领班每天一般要检查（　　）间客房。

A. 110～140　　B. 160～200　　C. 180～220　　D. 200～240

57. 楼层主管每天抽查的客房数为领班查房数的（　　）。

A. 5%　　B. 5%～10%　　C. 10%～15%　　D. 15%～20%

58. 经（　　）过的房间可以报总台向客人出租。

A. 服务员自查　　B. 领班全面检查　　C. 主管抽查　　D. 经理抽查

59. 领班给客房服务员分配任务时使用（　　）。

A. 房务报表　　B. 领班查房表

C. 客房返工表　　D. 客房服务员工作表

三、简答题

1. 客房服务员在清扫客房时应遵守哪些规定？

2. 简述客房服务员的进房程序。

3. 走房清扫的基本要求是什么？

4. 简述撤床的操作程序。

5. 清扫住客房时应注意哪些事项？

6. 贵宾房清扫整理的基本要求是什么？

7. 无烟客房清扫整理的基本要求是什么？

8. 简述空房的清扫要求。

9. 简述卫生间的消毒要求。

10. 简述茶水具、酒具的消毒要求。

11. 如何对电话进行消毒?

12. 如何对家具进行打蜡保养？

13. 什么是公共区域？它在饭店中的地位与作用是什么？

14. 与其他区域相比，饭店公共区域的清洁保养有何特点？服务员在清洁公共区域的卫生时应注意哪些问题？

15. 客房部应从哪几个方面做好客房清洁质量的控制工作？

四、实习操作题

1. 准备若干张卡片，写上客房不同的房态，由教师每次抽出 5 张卡片，分别根据一般情况和客房销售紧张情况进行房间清扫顺序的排序练习。

2. 向全班同学描述客房服务员准备房务工作车的步骤、要领及注意事项，并进行操作演示。

3. 向全班同学描述客房服务员准备吸尘器的要点，并进行必要的操作演示。

4. 按走房卧室和卫生间清洁程序的要求，进行清扫走房的练习，达标时间为 35 分钟/间。

5. 按晚间夜床服务的要求进行晚间开夜床练习，达标时间为 10 分钟/间。

6. 按西式铺床的要求进行西式铺床练习，达标时间为 3 分钟/床（其中床宽的标准为 1.2 米）

7. 按中式铺床的要求进行中式铺床练习，达标时间为 3 分钟/床（其中床宽的标准为 1.2 米）。

8. 准备电子消毒柜 1 台，操作台 1 张，备有水源、电源，有污迹的茶杯、玻璃杯各数个，茶杯刷 1 个，干净抹布数块，桶 1 个，组织学生按茶水具的消毒程序清洗茶杯、玻璃杯，并使用电子消毒柜进行消毒分组练习。以清洗两个杯子为例，达标时间为 5 分钟。

9. 准备细软的抹布及绒布若干块，省铜水 1 瓶，带有铜器的标准间 1 间，按照正确的操作程序，擦拭客房的铜器。

10. 准备细软的抹布及绒布若干块，家具蜡 1 瓶，带有木质家具的标准间 1 间，按照正确的打蜡程序，对房间的家具进行打蜡练习。

11. 准备脏的烟灰缸 1 个，干净的烟灰缸 2 个，向全班同学讲授更换烟灰缸的技巧，并进行更换烟灰缸的示范操作。

12. 由教师在标准间内设置 5 处卫生障碍、5 处设备障碍、5 处物品摆放障碍，由学生以领班的身份对其进行全面检查，要求学生能正确指出障碍所在，并能纠正障碍。

五、情景实训题

1. 将学生分成 3 人一组，分别扮演卫生清扫员、客房服务员、领班 3 个角色，根据教师给定的情景，按 DND 房的清扫处理程序进行模拟情景训练，并在课堂上进行情景演示。

2. “整理住客房时，发现少了 2 条面巾，可这 2 条面巾就在客人的行李箱里”。以此为情景，让学生扮演客人和服务员 2 个角色，进行追回这 2 条面巾的情景演练。

第五章　对客服务工作

一、填空题

1. 按宾客个性特点划分，饭店的客人可分为普通型、社交型、温柔型、开放型、自大型、固执型、散漫型、急躁型、轻浮型、排他型、________、________、________和浪费型。

2. 按旅游动机划分，饭店的客人可分为观光旅游型、__________、__________、__________、蜜月旅游型、会议旅游型、奖励旅游型。

3. 按年龄划分，饭店的宾客可分为__________和__________。

4. 目前我国饭店客房所采用的对客服务模式有楼层服务台、__________、__________和__________。

5. 楼层服务台的功能主要体现在：楼层服务台是客房部的__________、__________和__________。

6. 客房服务中心的功能主要有__________、__________、__________、钥匙管理、失物处理、档案保管、投诉处理、保持与其他部门的联络。

7. 完整的洗衣服务是由客房楼层和洗衣房共同完成的，对于客房楼层服务而言，其主要的工作流程为__________、__________、__________、认真登记、认真做好客衣的接收和分送。

8. 客人送洗衣物的常见方式有______________________________、______________________________、______________________________。

9. 客房小酒吧里的账单一式三联，第一联和第二联交给________，其中一联作为________，另一联在结账时交给________，第三联作为客房部申领酒水和统计用。

10. 对于__________或__________，即使客人没有通知，服务员也要主动提供擦鞋服务。

11. 现在饭店的叫醒服务原则上由________负责，但在电话叫醒失败后或团队叫醒服务中，仍需要楼层服务员进行__________。

12. 来访客人的有效证件主要是指身份证、________、________和________等。

13. 若出现客人休克或有其他危险迹象时，为防止发生意外，未经专门训练和相应考核的服务人员不得随意________客人。

14. 接待VIP客人时，应按照VIP客人的等级，做好客房内物品的准备，包括准备________、________、餐具和客用品等。

15. 布置好的VIP房应由__________、__________、__________和__________进行逐级检查。

16. 在服务中把“对”让给客人的方法有＿＿＿＿＿＿＿＿＿＿＿＿＿＿＿＿、＿＿＿＿＿＿＿＿＿＿＿＿＿＿＿＿。

17. 客人投诉的正面影响主要有＿＿＿＿＿＿＿＿＿＿＿＿＿＿，＿＿＿＿＿＿＿＿，有利于饭店改善服务质量，提高管理水平。

18. 客人投诉的心理表现为＿＿＿＿＿、＿＿＿＿＿、＿＿＿＿＿。

19. 当客房服务员发现客人在房内使用大功率电器时应礼貌地向客人说明＿＿＿＿＿＿＿＿＿＿＿＿＿＿＿＿＿＿＿＿＿＿。

20. 当发现房间地毯有客人丢掷的烟头烫洞时，服务员正确的做法是＿＿＿＿＿＿＿＿、＿＿＿＿＿＿＿＿＿＿＿＿，然后由大堂副理与客人协商索赔事宜，索赔后由客房服务员马上进行清理，由维修人员进行修补。

21. 客人房中的保险箱打不开时，应在＿＿＿＿＿＿＿、＿＿＿＿＿＿＿、＿＿＿＿＿监督下，由＿＿＿＿＿＿＿＿用专用钥匙打开保险箱。

22. 客人来认领遗留的贵重物品时，客房服务中心需留有领取人的＿＿＿＿＿＿＿＿，并通知＿＿＿＿＿＿到现场监督、签字，以备核查。

23. 个性化服务的表现形式有＿＿＿＿＿＿、＿＿＿＿＿＿和＿＿＿＿＿＿。

二、选择题

1. (　　) 型的客人具有见多识广、老于世故、善于辞令、爱挑剔的特点。

A. 社交　　B. 普通　　C. 开放　　D. 轻浮

2. 服务员对 (　　) 型的客人提供服务时应快捷准确；与其交谈时，应简明扼要，紧扣主题。

A. 排他　　B. 急躁　　C. 寡言　　D. 健谈

3. 对于浪费型的客人，服务员的下列服务行为不正确的是 (　　)。

A. 维护好客人的面子

B. 向其推荐低档的客房

C. 为其安排有经验的员工

D. 向其提供快捷、周到、细致的服务

4. (　　) 不属于商务旅游型客人的特点。

A. 对自然风光、名胜古迹最感兴趣

B. 对健身娱乐设施的要求较高

C. 喜欢个性化的服务

D. 喜欢高档、单间客房

5. (　　) 型客人具有住店时间相对较长、消费水平较高、服务要求比较多、喜欢丰富多彩的娱乐项目等特点。

A. 疗养旅游　　B. 蜜月旅游

C. 会议旅游　　D. 休闲度假

6. (　　) 型客人具有人数较多、活动集中、住店时间较长、有较强规律性的特点。

A. 疗养旅游　　B. 商务旅游

C. 会议旅游　　D. 休闲度假

7. 对于会议旅游型客人，客房服务员应（　　）。

A. 给他们安排靠近电梯的房间

B. 尽量集中在同一楼层或按照组别安排房间

C. 尽量给他们安排高级僻静、带有会客室的客房

D. 客人离店查房要迅速

8. 中老年旅游型的客人具有（　　）的特点。

A. 活泼、热情、精力充沛，容易接受新事物

B. 消费能力有限，对饮食和住宿条件要求不高

C. 以参观游览为主要目的

D. 消费水平高，要求舒适、安静

9. （　　）不属于楼层服务台的服务内容。

A. 迎送客人

B. 失物处理

C. 提供各项接待服务

D. 处理客人的各项委托代办服务

10. （　　）不属于自主服务模式的优点。

A. 经营成本低

B. 卫生清洁、质量有保证

C. 经济实惠

D. 安全性较高

11. 收取客人衣服时，错误的操作是（　　）。

A. 认真检查客人填写的洗衣单上的项目是否齐全

B. 认真核对洗衣单上填写的房号与房间的实际房号是否相符合

C. 系紧洗衣袋的袋口

D. 将收取的衣物暂时放在工作车上

12. 客人要提前离店，但其送洗的衣物还未送回，此时，错误的处理方法是（　　）。

A. 向客人道歉

B. 打电话向洗衣房打听衣物的洗涤情况

C. 将未洗的衣物打包送还给客人

D. 若衣物未洗，向客人收取50％的洗涤费

13. 错误的送茶顺序是（　　）。

A. 先主后宾　　　　B. 先女士后男士

C. 先上级后下级　　　　D. 先长辈后晚辈

14. 在擦鞋服务中，服务员对于特殊的皮鞋无法处理时，要（　　）。

A. 请有经验的服务员处理

B. 请客人自己处理

C. 征得客人同意后，拿给鞋匠处理

D. 原样送还客人

15. 为了避免借用物品遗失和损坏，应请客人在（　　）上签字。

A. 物品租借登记表　　B. 领料单
C. 物品领用单　　D. 申领报告单

16. 客人租用物品的时间若超过自己当班的时间，服务员应（　　）。
A. 将客人租借物品的情况及手续移交下一班次
B. 转告下一班次服务员
C. 请客人交还租借物
D. 告诉客人还给下一班次的服务员

17. 如因客人使用不当而造成租借物品损坏，应按规定给予赔偿，赔偿金额根据物品的（　　）而定。
A. 原价　　B. 新旧程度　　C. 损坏程度　　D. 客人的身份

18. 客人租借贵重物品时，按规定应（　　）。
A. 收取客人一定的押金　　B. 让客人用身份证作抵押
C. 让客人用房卡作抵押　　D. 让客人用钥匙作抵押

19. 遇有住客不愿见访客时，服务员错误的做法是（　　）。
A. 让访客在楼层等待客人
B. 请访客到大堂问询处，为其提供留言服务
C. 礼貌地向访客说明客人需要休息或在办事，不便接待访客
D. 当访客有骚扰住客的迹象时，及时通知保安部

20. 当访客拿着住客的便条要求服务员为其开门进房取物品时，服务员错误的做法是（　　）。
A. 将便条拿到总台核对住客的签名
B. 核对无误后，请访客办理访客登记手续
C. 访客办理完访客登记手续后，为访客开门，请访客进客房取拿物品，自己在门外等候
D. 住客回来后，主动与其核对访客取物一事

21. 国内外文化艺术、新闻、体育界的负责人员或著名人士属于饭店的（　　）级 VIP 客人。
A. A　　B. B　　C. C　　D. D

22. VIP 客人的房间应安排（　　）以上的客房服务员严格按照清洁程序清扫客房。
A. 普通服务员　　B. 初级　　C. 中级　　D. 高级

23. 对于 VIP 客人的迎客准备，下列做法中不正确的是（　　）。
A. 抵店前 30 分钟，打开房门，开启室内的照明灯饰和空调
B. 准备好香巾、欢迎茶
C. 如果 VIP 客人晚上抵店，应拉上窗帘、开亮房灯、做好夜床
D. 相关人员整理好个人仪表，迎领客人到总台办理入住登记手续

24. “客人永远是对的”可以理解为（　　）。
A. 得理也让人　　B. 得理不让人
C. 服务员永远是错的　　D. 人格的不平等

三、简答题

1. 如何做好商务旅游型客人、休闲度假型客人、会议旅游型客人的针对性服务？

2. 试比较楼层服务台与客房服务中心两种对客服务模式的优缺点。

3. 什么叫贴身管家？贴身管家应具有哪些素质要求？

4. 简述客房服务员送洗客衣的流程。

5. 客人反映客衣送错了，客房服务员应该怎么办？

6. 如果客人将冰箱内一听饮料饮用后自己又购回一听同品牌、同包装的饮料放入冰箱，客房服务员应该怎么办？

7. 简述借用物品的服务程序及注意事项。

8. 简述人工叫醒服务的程序及注意事项。

9. 如果访客带有住客房间钥匙并要进入客房（住客不在）取物品，客房服务员应该怎么办？

10. 客房服务员应如何做好残疾住客的服务工作？

11. 如何布置 VIP 客人的房间？

12. 简述 VIP 客人接待服务的共性要求。

13. 在客房服务中，引起客人投诉的因素有哪些？

14. 简述处理客人投诉的流程和方法。

15. 什么叫个性化服务？试列举你知道的 5 项客房个性化服务的例子。

四、实习操作题

1. 组织学生参观客房部，观察服务人员的工作模式，针对客房部的功能及特点写出书面报告。

2. 向全班同学介绍磁卡钥匙、电热水壶、录音电话的使用方法。

3. 以本地区一家三星级以上饭店为例，向全班同学作客房设施设备及服务项目介绍。

4. 将学生分成若干组，组织学生进行给客人端茶送水的练习。

五、情景实训题

1. 将学生分成若干组，轮流扮演 A（客房服务员）、B（客人）两个角色，根据教师所给的情景和客人的身份、类型进行迎领 VIP 客人入住的操作演示。

2. “客人陈先生到达楼层时，实习生小王发现总台服务员小李给陈先生安排的 805 房已有客人入住”。以此为情景，由 3 名学生分别扮演 A（实习生小王）、B（总台服务员小李）、C（客人陈先生），演示解决这一问题的全过程。

3. “有一对夫妻来拜访 502 房的客人陈先生，陈先生打电话要求客房服务员小王送 3 杯红茶进房间”。以此为情景，让学生分别扮演 A（客房服务员小王）、B（陈先生）、C（男访客）、D（女访客）4 种角色，进行送茶进房的模拟演示。

4.“访客时间已过，1208 房的来访客人陈先生还未离房”。以此为情景，让学生分别扮演 A（实习生小王）、B（陈先生）两个角色，演示小王成功劝离访客的全过程。

5.“1208 房的 VIP 客人陈先生要退房，同时携带行李箱一个”。以此为情景，让学生扮演 A（大堂副理小王）、B（陈先生）两个角色，根据 VIP 客人的离店服务程序，演示大堂副理小王送别陈先生的全过程。

6.“1208 房的陈先生退房时，实习生小王查房时发现少了一个烟灰缸”。以此为情景，让学生扮演 A（大堂副理）、B（陈先生）两个角色，运用恰当的语言，演示成功追讨烟灰缸的全过程。

第六章　客房物品管理

一、填空题

1. 木质家具的使用与保养应注意________、________、________、防摩擦损伤和定期打蜡。

2. 客房内的照明灯具种类繁多，主要有门灯、酒吧灯、台灯、________、________、________。

3. 影响布件质量的相关技术参数有纤维长度、________、________________、织物密度、制作工艺、耐洗次数。

4. 根据布件的用途，可把客房使用的布件分为三大类，即____________、__________和____________。

5. 在通常情况下，床单的长度=____厘米；床单的宽度=____厘米。

6. 确定客房布草年度损耗量的基本准则是____________________和________________。

7. 根据经验，有自己洗衣房的饭店，其客房布件的配备定额一般都为__________套。其中，一套________、一套________、一套________、半套或一套备用。

8. 客房内的茶叶，每间客房每天供应 4 包，平均每间客房每天的消耗量为 3 包，其平均消耗率为 3/4，即 75%。如果某一楼层本月客房的出租总数为 600 间/天，则该楼层本月茶叶的消耗定额为________。

二、选择题

1. 为避免木质家具受潮后变形、开胶、脱漆，木质家具的放置一般应与墙相距（　　）厘米。

A. 1　　B. 2　　C. 5～10　　D. 15

2. 要做好木质家具的日常保养工作，平时要用干布擦拭，还要定期（　　）。

A. 上蜡打光　　B. 吸尘　　C. 清洗　　D. 杳看

3. 饭店客房内使用的小冰箱一般选用（　　）。

A. 用压缩机制冷剂制冷的冰箱　　B. 用半导体制冷的冰箱

C. 扩散—吸收式冰箱　　D. 集聚—吸收式冰箱

4. 下列观点中错误的是（　　）。

A. 液晶电视不用时，应关闭显示屏

B. 对于长时间空着的客房，应定期给液晶电视通电

C. 应使用玻璃清洁剂擦拭显示屏

D. 客房服务员应每天坚持擦拭液晶电视显示屏

5. 下列观点中错误的是（　　）。

A. 客房小冰箱长时间不使用时，应拔下电源插头

B. 可使用碱性洗涤剂清洗冰箱

C. 清洁冰箱时，应先切断电源

D. 不可使用去污粉清洗冰箱

6. 下列观点中错误的是（　　）。

A. 空调过滤网应每隔 2～3 周清洁一次

B. 可采用低于 40℃的肥皂水清洗空调过滤网

C. 清洗后的空调过滤网可以在阳光下晒干

D. 可采用低于 40℃的中性洗涤剂清洗空调过滤网

7. 下列观点中错误的是（　　）。

A. 电脑开机应先开主机　　B. 电脑要注意散热

C. 灰尘是损坏电脑的最大杀手　　D. 电脑要注意防晒、防潮、防雷击

8. 客房的常规修整通常（　　）。

A. 一年不低于一次　　B. 二年一次

C. 三年一次　　D. 四年一次

9. 客房的设备在使用（　　）年后，应进行部分更新。

A. 1～2　　B. 3～4　　C. 5～6　　D. 7～8

10. 客房的设备在使用（　　）年左右，应进行全面更新。

A. 5　　B. 10　　C. 15　　D. 20

11. 枕套与枕芯配套使用，通常要求枕套比枕芯（　　）。

A. 宽 2～5 厘米、长 5～10 厘米　　B. 宽 2～5 厘米、长 20～23 厘米

C. 宽 10～15 厘米、长 5～10 厘米　　D. 宽 10～15 厘米、长 20～23 厘米

12. 三星级饭店大浴巾的重量要求达到（　　）克。

A. 400　　B. 500　　C. 600　　D. 700

13. 四星级和五星级饭店大浴巾的重量要求达到（　　）克。

A. 400　　B. 500　　C. 600　　D. 700

14. 三星级饭店面巾的重量要求达到（　　）克。

A. 110　　B. 120　　C. 140　　D. 125

15. 三星级饭店地巾的重量要求达到（　　）克。

A. 280　　B. 320　　C. 350　　D. 400

16. 四星级和五星级饭店方巾的重量要求达到（　　）克。

A. 35　　B. 45　　C. 55　　D. 65

17. 客房卫生间四巾的毛圈长度以（　　）厘米左右最为合适。

A. 1　　B. 2　　C. 3　　D. 4

18. 某饭店是一家三星级饭店，有客房 500 间，床单单房配备 2 套，每套 4 张。预测客房年平均出租率为 70%。在更新期内，床单年度损耗率为 50%，则该饭店床单的年度消耗定额为（　　）张。

A. 1 400　　B. 3 500　　C. 2 800　　D. 2 000

19. 客房配备在用布件时应满足客房出租率达（　　）时的使用和周转需要。

A. 50％　　B. 80％　　C. 90％　　D. 100％

20. 客房配备在用布件时必须满足客房一天（　　）小时运营的使用和周转需要。

A. 12　　B. 18　　C. 16　　D. 24

21. 下列有关布件储存条件错误的有（　　）。

A. 库房的温度应控制在 20℃以上　　B. 库房的湿度最好控制在 40％以下

C. 布件上应加防护罩　　D. 布件房限制无关人员进出

22. 对于布件房的盘点通常为（　　）一次。

A. 一个月　　B. 一季度　　C. 半年　　D. 一年

23. 工作车上客用品的配备标准为（　　）。

A. 以一个服务员一个班次的使用量为准

B. 以一个楼层一周的使用量为准

C. 以客房部一个月的使用量为准

D. 无明确的规定

24. 楼层小库房用品的储存标准为（　　）。

A. 以一个服务员一个班次的使用量为准

B. 以一个楼层一周的使用量为准

C. 以客房部一个月的使用量为准

D. 无明确的规定

25. 客房部中心库房的储存标准为（　　）。

A. 以一个服务员一个班次的使用量为准

B. 以一个楼层一周的使用量为准

C. 以客房部一个月的使用量为准

D. 无明确的规定

26. 下列措施中不利于有效防止客用物品流失的是（　　）。

A. 要求服务员在做卫生时，工作车采用靠墙停放的方式

B. 加强对服务员职业道德教育和纪律教育

C. 要求服务员做好客用品的领取和使用记录

D. 与保安部配合，做好对员工上下班及员工更衣柜的检查工作

三、简答题

1. 如何做好液晶电视机的使用与保养工作？

2. 电脑上不了网怎么办？

3. 简述客房设备的管理方法。

4. 确定在用布件的数量时应综合考虑哪些因素？

5. 避免客房布件“流失”的措施有哪些？

6. 楼层布件的保养要点是什么？

7. 如何防止客用品的流失？

四、实习操作题

1. 席梦思床架及床垫各准备 3 套，将同学分成 3 人一组，给床垫正反两面的床头床尾各进行编号，并进行翻转床垫的练习。

2. 准备好玻璃清洁剂和液晶电视机及软质的抹布若干块，安排学生依次清洁液晶电视机的屏幕。

3. 准备好小冰箱和清洁剂及抹布若干，安排学生依次清洁小冰箱。

五、情景实训题

“实习生小王今天负责打扫五楼客房，五楼客房共有标准间客房 15 间”。请以此为情景，按照标准间客用品的配备标准，演示向领班申领客房用品，并布置工作车的全过程。

第七章　客房的安全管理

一、填空题

1. 客房部的常规安全工作通常包括____________、____________和____________。

2. 客房失窃的原因主要有____________、____________、____________和客人自盗。

3. 客房区域配置的防盗设施主要有电视监控系统、安全报警装置、新型门锁系统、____________________、________和______________。

4. 防范自然灾害的措施有______________________________、________________________和________________________。

5. 客房内防范传染病的措施有____________、________________和______________________________。

6. 对于 NNS 房应采取的措施有________、____________、____________。

7. 造成走房有人或有行李的原因有____________、________________。

8. 饭店客房一旦发生火灾，必须立即报警，报警分为两级，一级报警向____________报警，二级报警向________报警。

二、选择题

1. 当饭店发生火灾时，实习生小王错误的处理方法是（　　）。

A. 立即查看火灾是否发生在客房楼层

B. 迅速用电话通知同事火灾发生的部位

C. 若火灾未发生在本区域，照常工作

D. 告知同事不要到处乱走，随时待命

2. 饭店发出疏散信号时，实习生小王错误的处理方法是（　　）。

A. 立即打开所有的安全楼道

B. 有步骤地引导客人从电梯疏散

C. 检查每一间房内是否还有客人

D. 客人离开后，将各房间的门立即关上

3. 客房区域发生火灾时，实习生小王错误的处理方法是（　　）。

A. 立即向 119 报警

B. 向饭店安全消防部门报告着火的具体方位和起火的原因

C. 迅速利用就近的消防器材进行扑救工作

D. 发现火势不能控制时，及时疏导全体人员离开火场

4. 火灾发生时，错误的逃生方法是（　　）。

A. 经过浓烟区时，应弯腰或趴下沿墙角匍匐前进，并用干毛巾捂住口鼻

B. 如身处高层，已无法下楼时，可往上跑至楼顶，站在逆风一面，等待营救

C. 疏散线路中断时，退回房间进行自救并等待救援

D. 将床单拧成绳，从窗户跳到下层楼逃生

5. 下列关于安全操作的描述，错误的是（　　）。

A. 在饭店范围内不得奔跑

B. 员工制服不宜过长

C. 服务员搬运笨重物品时，要用臂力，不可用脚力

D. 发现公共区域照明系统发生故障，服务员必须马上报告、立即修复

6. 下列关于安全操作的描述，正确的是（　　）。

A. 化妆室内及露天花园的地板、楼梯台阶应视情况酌情打蜡

B. 在玻璃门或窗上要贴上标识或色条

C. 开门关门，必须用手按住门边

D. 清洁剂、杀虫剂与食物、棉织品可存放在同一个仓库中

7. 下列观点不正确的是（　　）。

A. 为防止传染病，应阻止客人带宠物进入饭店

B. 患有传染病的服务员应戴胶皮手套上班

C. 为防止传染病，应严格执行布件的消毒规定

D. 为了防止传染病的蔓延，饭店有权拒绝患有传染病的客人留宿

8. 下面有关 DND 房的处理措施，描述不正确的是（　　）。

A. 发现 DND 房时，应在工作表上做好记录

B. 如果不是续租房，应在 14：00 打电话给客人

C. 如果是续租房，可以不做任何处理

D. 客房服务员下班，应针对 DND 房的情况做好交接班记录

9. 楼层发生停电事故时，服务员小王错误的做法是（　　）。

A. 马上通知工程人员

B. 检查电梯内有无客人

C. 检查配电箱是否有跳闸现象

D. 给每位客人发根蜡烛，保证客房的照明

10. 发现客人在客房内死亡时，客房部服务员错误的做法是（　　）。

A. 应保持镇静，小声告知其他客人

B. 关闭房门，保护好现场，禁止其他员工进入

C. 电话通知保安部、大堂副理和部门主管到现场

D. 尸体运走后，对房间进行彻底清理与消毒

三、简答题

1. 简述客房易发生火灾的原因。

2. 客房服务员应如何保管好工作钥匙？

3. 为了保障客人财物的安全，可采取哪些有效措施？

4. 为了防止外部的盗窃行为，可采取哪些有效措施？

5. 简述服务人员安全操作须知。

四、实习操作题

1. 向全班同学讲述消火栓的使用方法，并借用学校公共场所的消火栓，按照消火栓的使用步骤，进行消火栓使用方法的示范演练。

2. 向全班同学讲述灭火器的使用方法，有条件时，进行灭火器使用方法的示范演练。

五、情景实训题

“实习生小王值班时，一位喝醉酒的客人忘了带房卡，又说不清楚他所住的房间”。以此为情景，演示小王处理这一事件的过程。

全国中等职业技术学校饭店服务专业

饭店管理基础知识（第三版）

菜肴基础知识及营养卫生（第四版）

饭店服务礼仪（第三版）

前厅服务（第三版）

客房服务（第四版）

餐厅服务（第四版）

形体训练（第四版）

中国旅游地理（第四版）

康乐服务（第三版）

饭店服务心理（第四版）

调酒技术（第三版）

饭店管理基础知识习题册

菜肴基础知识及营养卫生习题册

饭店服务礼仪习题册

前厅服务习题册

客房服务习题册

餐厅服务习题册

中国旅游地理习题册

饭店服务心理习题册

策划编辑／王鸿飞

责任编辑／周　玮

责任校对／孙艳萍

责任设计／崔俊峰

ISBN 978-7-5167-2692-1

定价：6.00元

全国职业院校烹饪专业教材

烹饪化学习题册

何江红　主编

中国劳动社会保障出版社